Sam the Detective's
Reading
Readiness
Book

by Amye Rosenberg

BEHRMAN HOUSE, INC.

To the children

Published by Behrman House, Inc.
11 Edison Place, Springfield, NJ 07081
www.behrmanhouse.com
ISBN 0-87441-362-1

Reading Exercises by Ruby G. Strauss
Design by Marsha Picker

Manufactured in the United States of America

How to use Sam the Detective's reading readiness book.

Say the name

①

Trace

②

Color

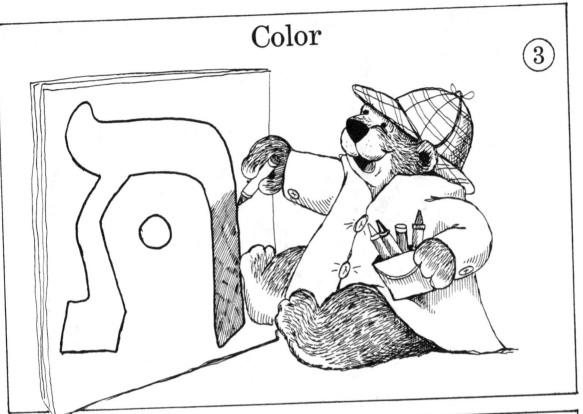

③

Sound the pictures

④

toys
top
target

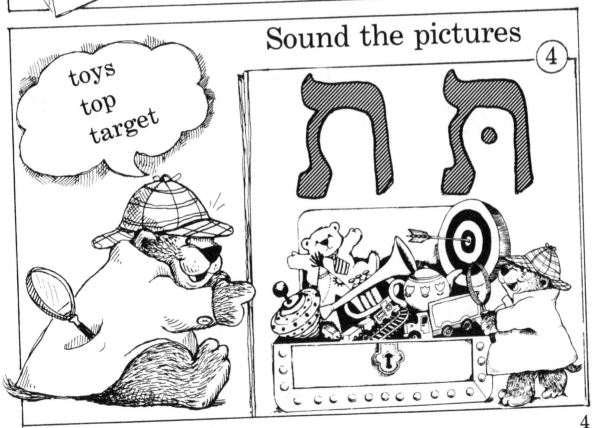

Tav תּ ת

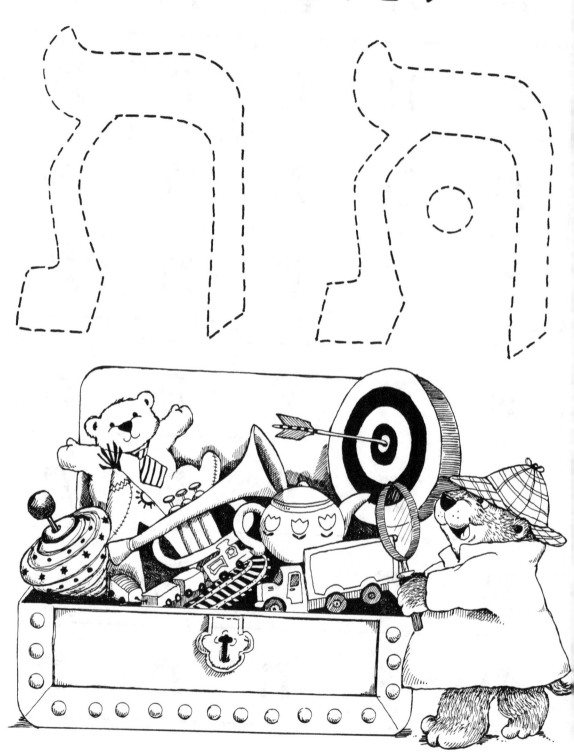

תּ	ת	ת	תּ	תּ
ת	תּ	ת	תּ	ת
ת	תּ	תּ	ת	תּ
ת	תּ	ת	תּ	ת

תּ	ת	תּ	תּ	תּ
ת	ת	ת	תּ	ת
תּ	תּ	תּ	תּ	ת
ת	תּ	ת	ת	ת

Shin ש

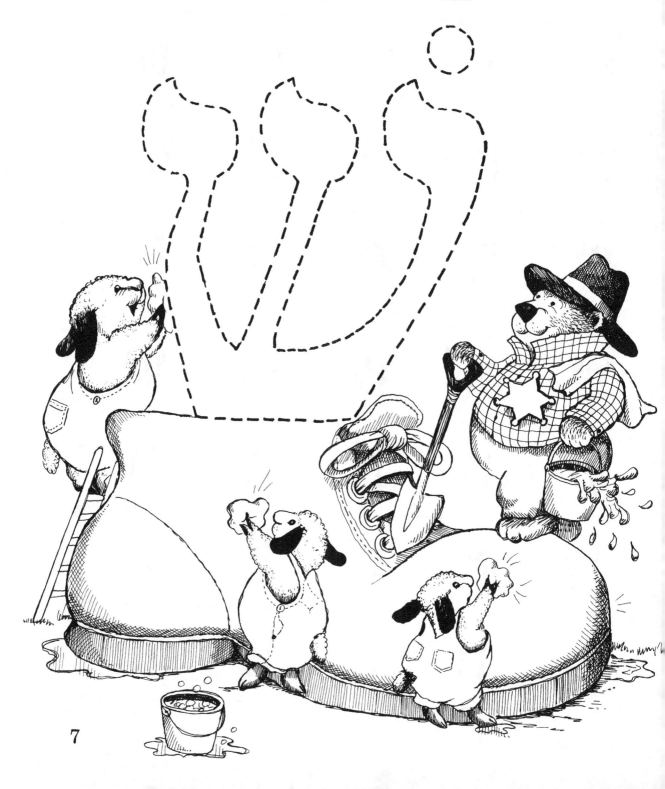

ת	שׁ	תּ	שׁ	שׁ
תּ	שׁ	תּ	ת	תּ
שׁ	ת	תּ	שׁ	שׁ
שׁ	ת	ת	תּ	ת

שׁ	ת	שׁ	שׁ	שׁ
שׁ	תּ	תּ	תּ	תּ
ת	ת	שׁ	ת	ת
שׁ	תּ	שׁ	שׁ	שׁ

Resh ר

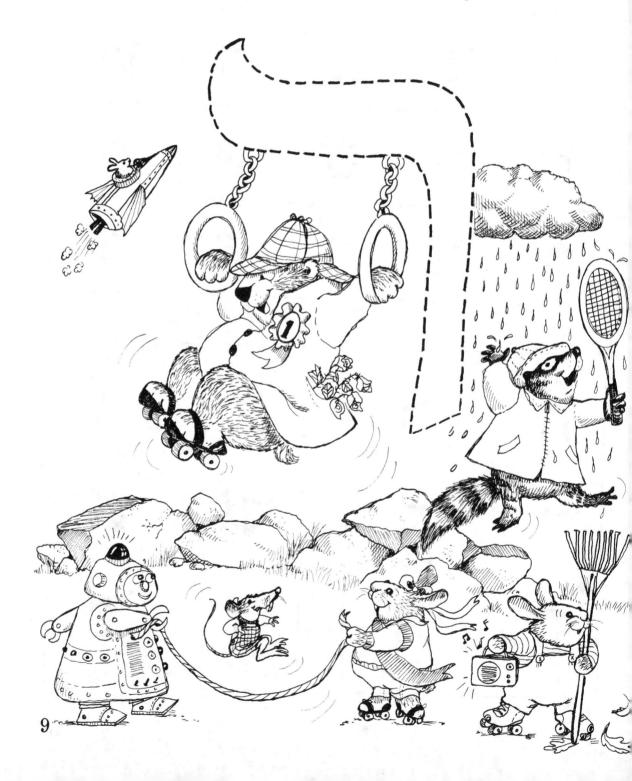

9

ר	ר	ש	ת	ר
ש	ת	ש	ש	ר
ת	ת	ש	ר	ת
ר	ש	ר	ת	ר

ר	ת
ש	ש
ת	ר

ת	ת
ת	ר
ר	ת

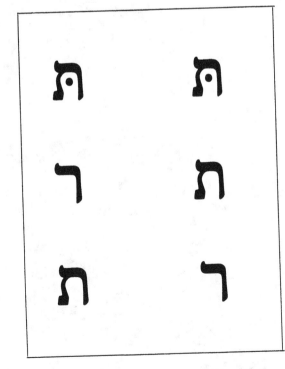

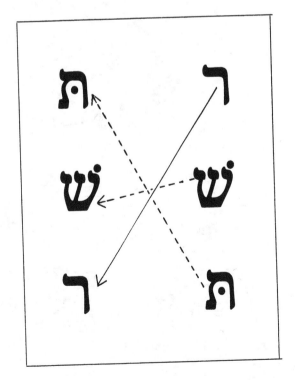

Dalet ד

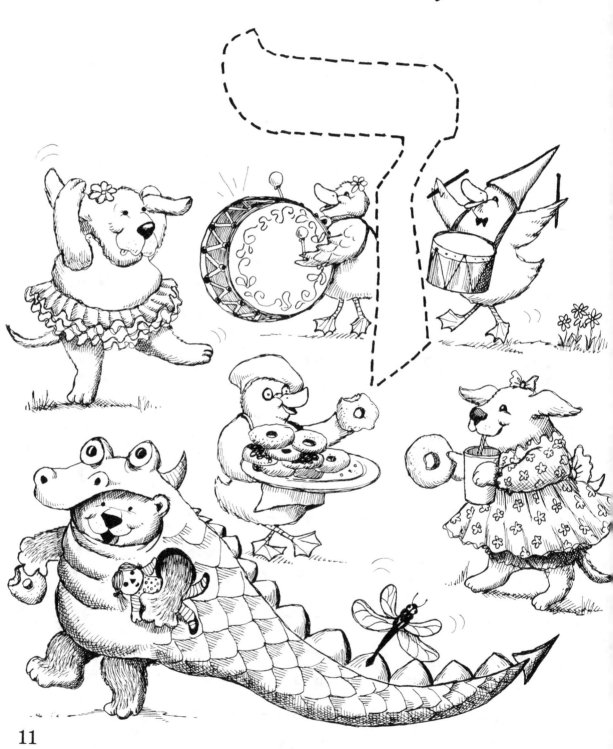

ד	שׁ	(ד)	ר	(ד)
ר	ר	ת	שׁ	ר
שׁ	ד	שׁ	שׁ	ר
ת	ת	ד	ר	ת
ת	ר	ת	שׁ	ת
ד	ד	ר	ת	ד
ר	ד	ר	ר	ת
שׁ	שׁ	ת	שׁ	ד

12

Lamed ל

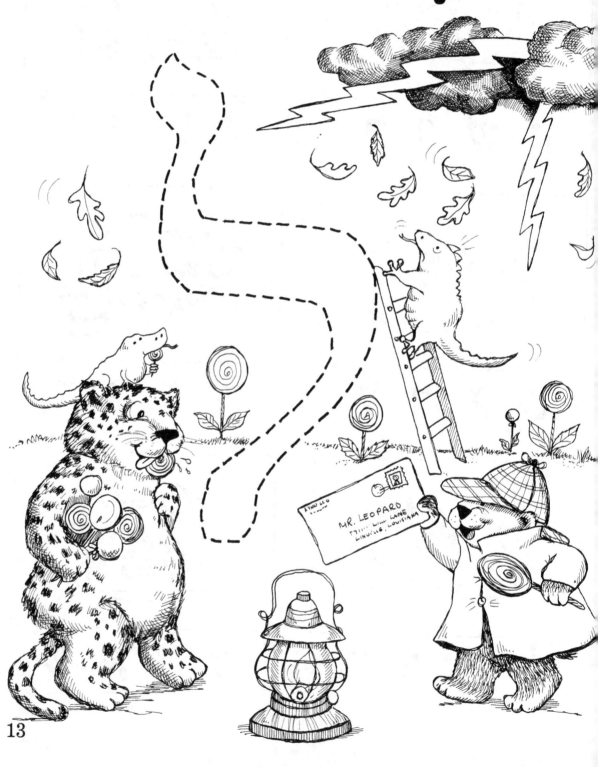

MR. LEOPARD
LANE
LINVILLE, LOUISIANA

13

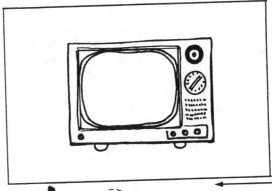

ד ר ת ל

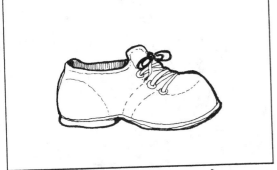

ר ד שׁ תּ

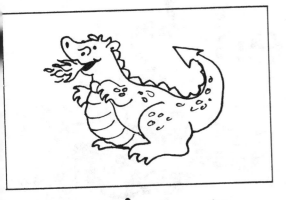

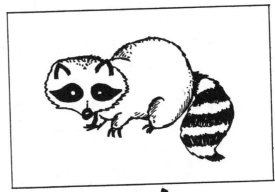

ר ל ד ת

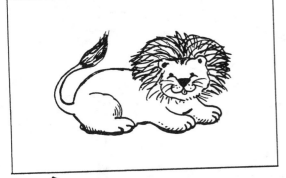

ל ר תּ שׁ

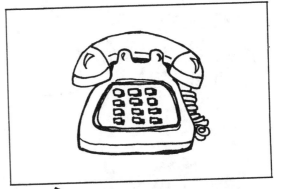

שׁ תּ ד ל

ר ד ת ל

Bet בּ

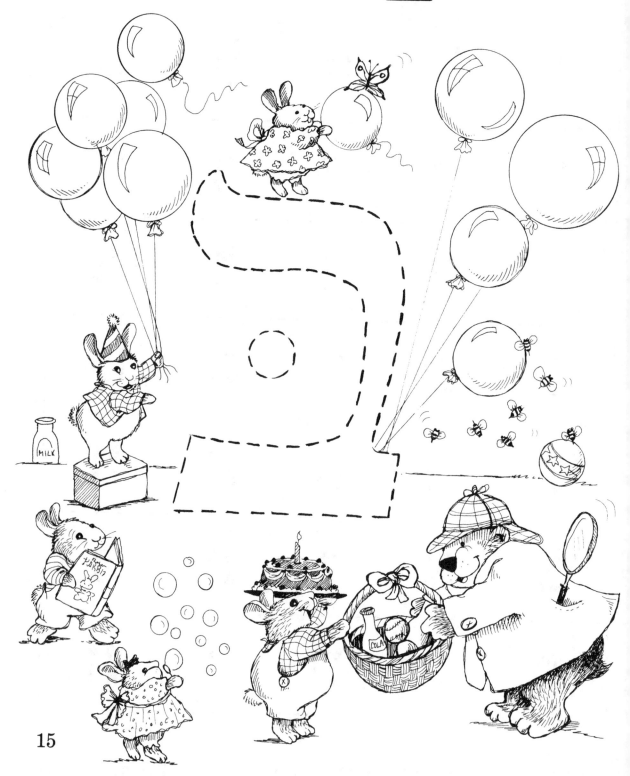

15

בּ	בּ	בּ	~~תּ~~	בּ
ל	ל	ד	ל	ל
ד	ר	ד	ד	ד
ר	ר	ר	ד	ר
שׁ	שׁ	בּ	שׁ	שׁ
תּ	תּ	תּ	תּ	בּ
בּ	תּ	בּ	בּ	בּ
תּ	תּ	תּ	ר	תּ

Vet ב

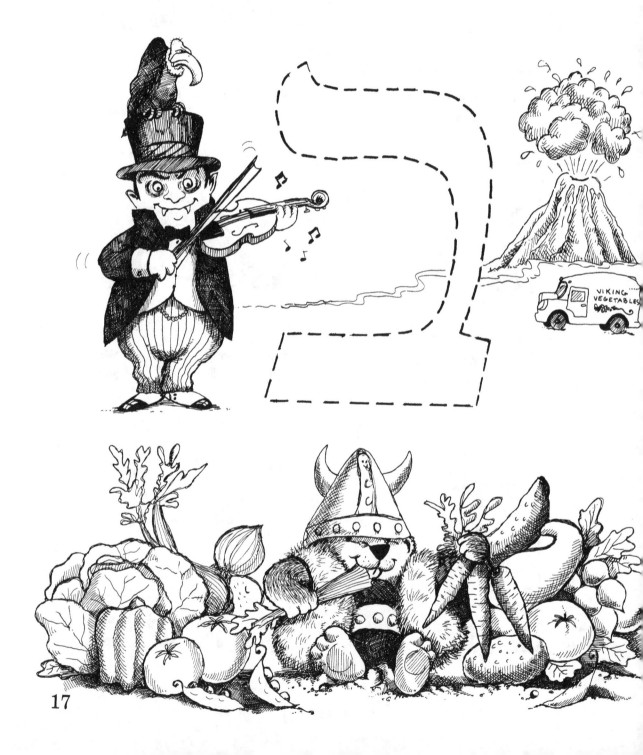

17

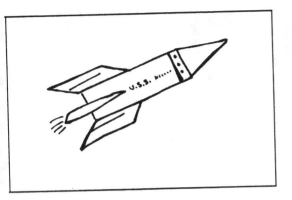

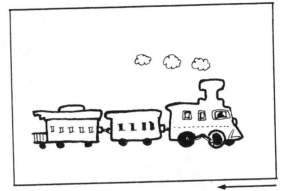

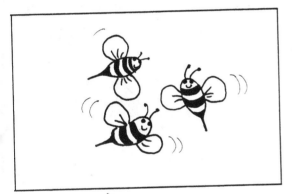

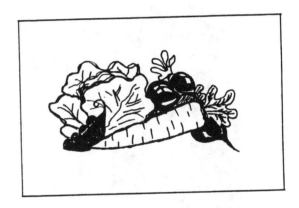

ב ת ר ד

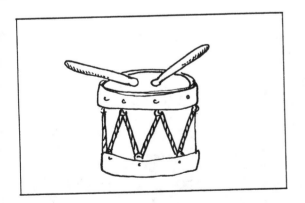

ד תּ ר ש

ב ד ר בּ

ת ב ל בּ

ב ש ל ת

ד ת בּ ר

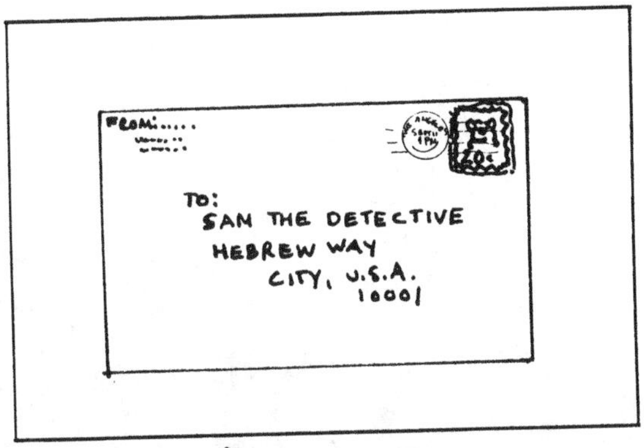

Mem מ ם

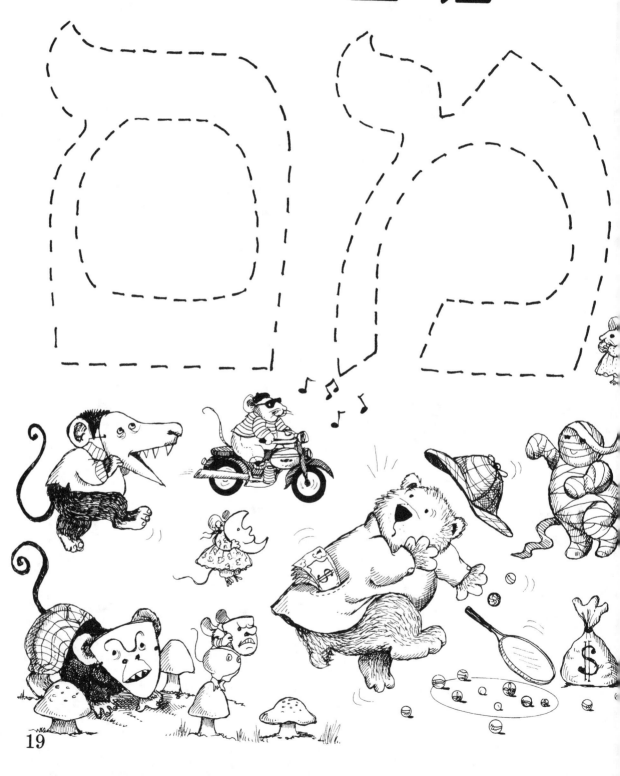

19

תּ	ב
ב	בּ
בּ	תּ

ם	מ
ת	ם
מ	ת

ל	ל
ד	ר
ר	ד

תּ	שׁ
שׁ	תּ
בּ	בּ

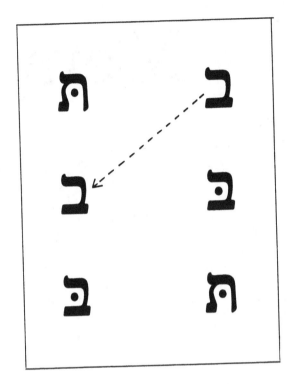

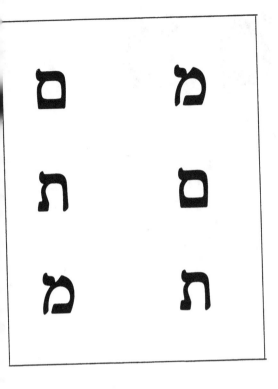

Nun נ ן

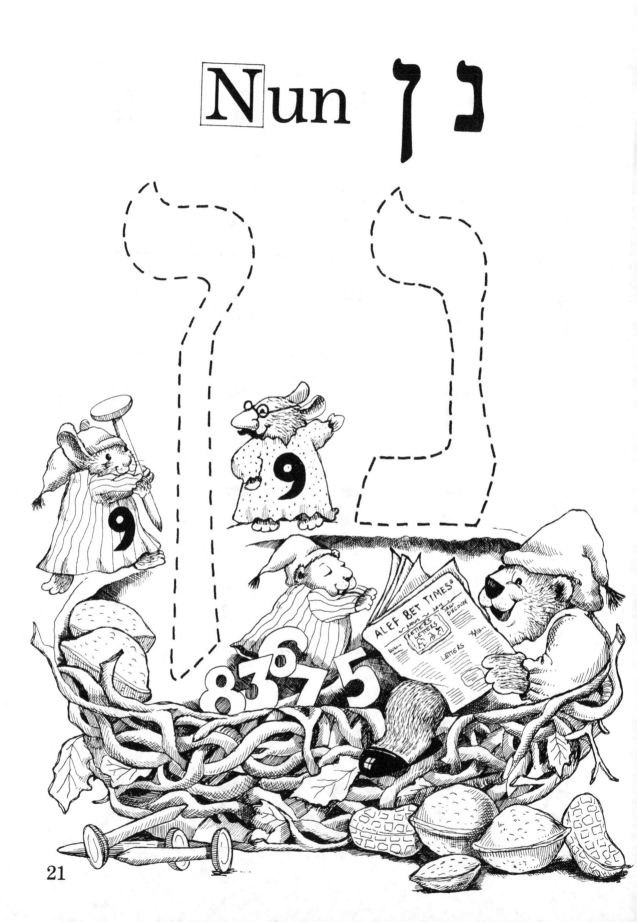

ALEF BET TIMES

21

ב	ב	בּ	ת	ב
נ	מ	ש	נ	נ
מ	מ	ת	מ	ב
ד	ן	ר	ד	ד
ר	ר	נ	ד	ר
ן	ד	ן	ם	ן
ם	ב	ת	ם	ם
ל	ל	ן	נ	ל

Gimmel ג

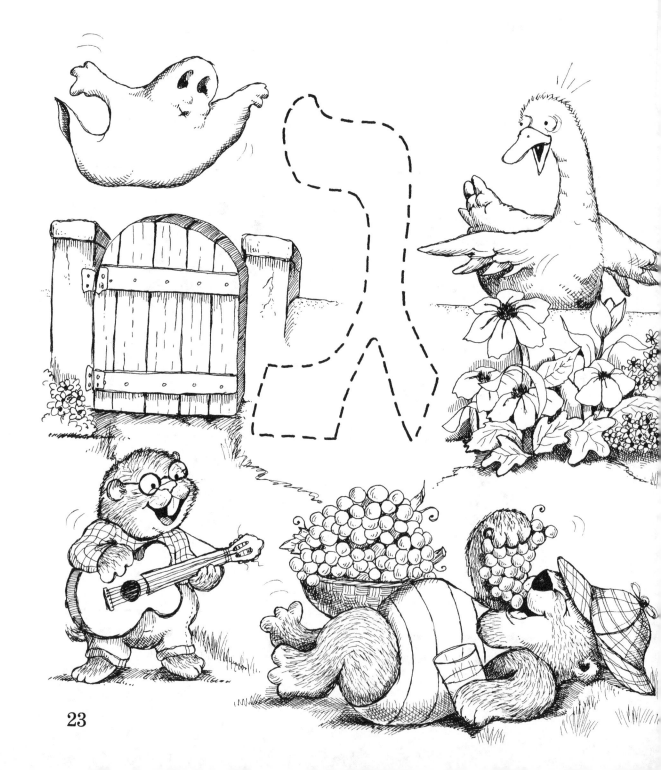

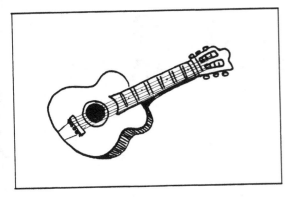

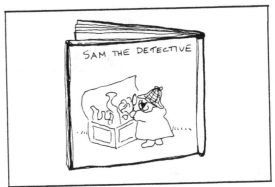

תּ בּ ש ן

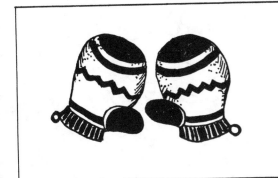

ר נ ג ת

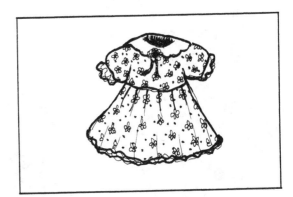

ג ל נ ש

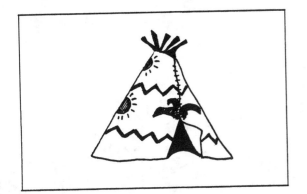

מ ב ד ן

ג ר ס ד

כּ תּ ס מ

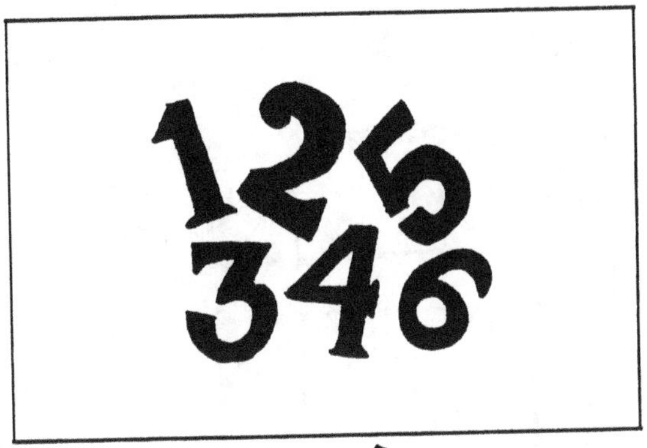

Hay ה

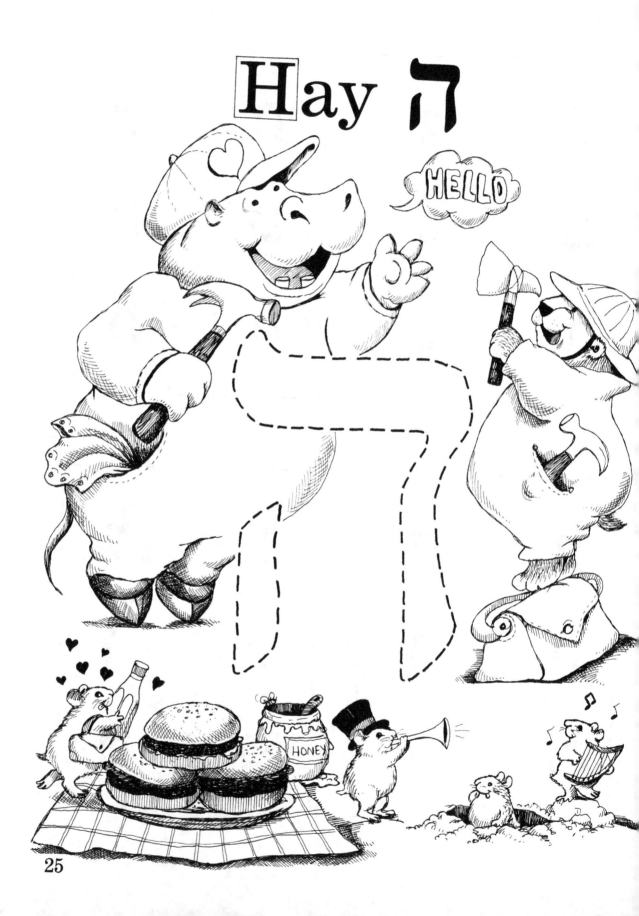

נ	ג
ב	נ
ג	ב

ת	מ
מ	ה
ה	ת

ד	ה
ה	ר
ר	ד

ז	ל
ל	ז
ם	ם

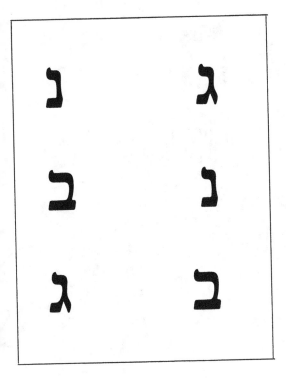

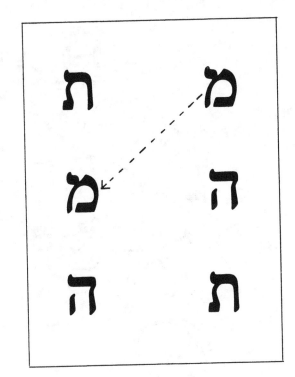

Chet ח

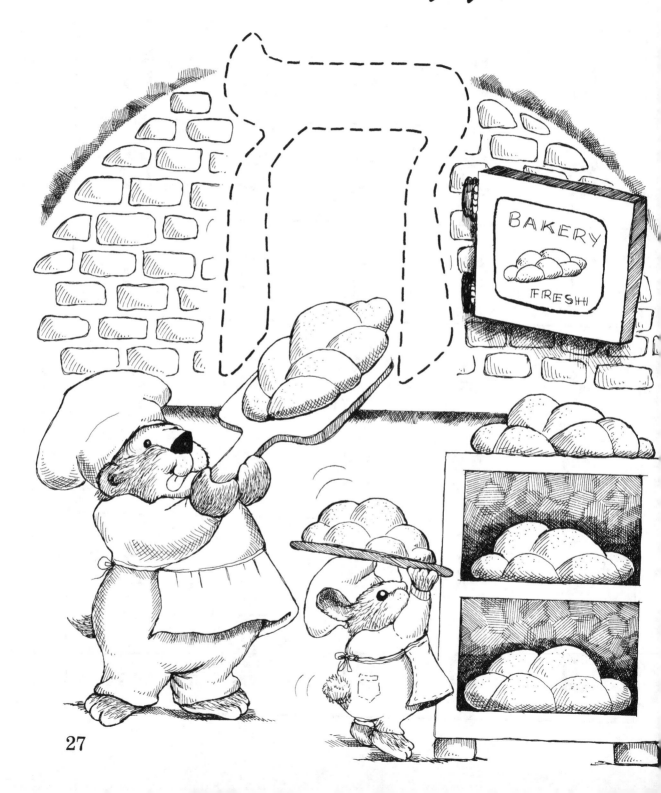

נ	~~ג~~	נ	נ	נ
ח	ח	ה	ח	ח
מ	ת	מ	מ	מ
ר	ר	ד	ר	ר
ג	ג	ג	נ	ג
ת	ח	ח	ח	ה
ג	ג	ג	נ	ג
בּ	תּ	בּ	בּ	בּ

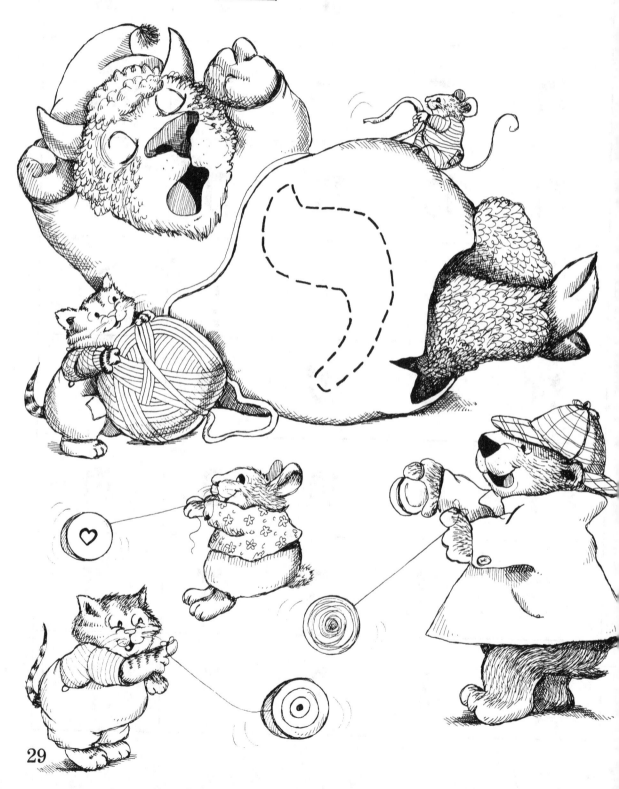

Yod י

ג	י	ג	נ	ג
ת	ה	ח	ה	ה
ת	ח	ח	ה	ח
י	נ	י	ן	י
תּ	בּ	שׁ	שׁ	שׁ
ר	תּ	תּ	בּ	תּ
ד	ה	ר	ד	ד
ן	ג	ן	י	ן

Alef א

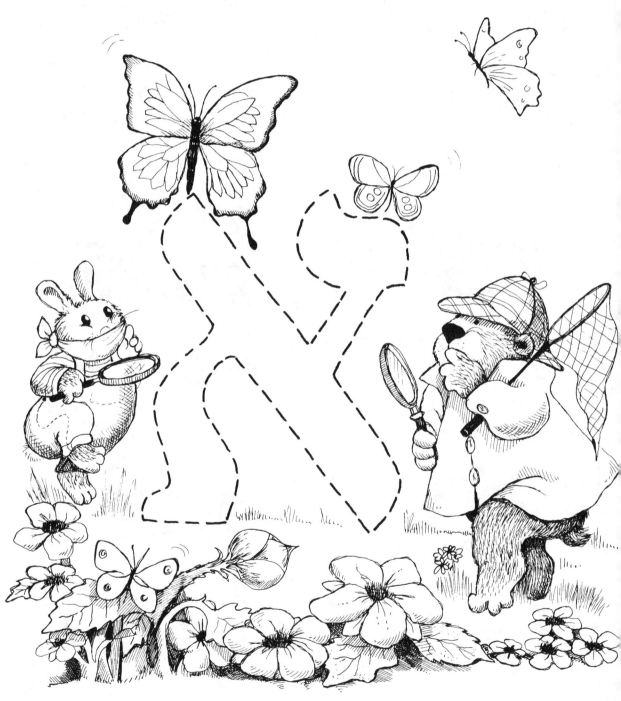

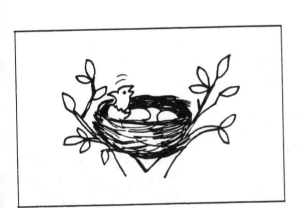

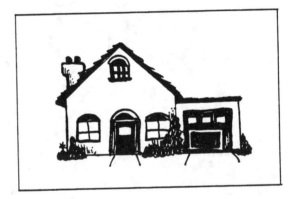

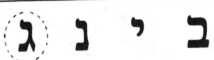

ב י נ ג

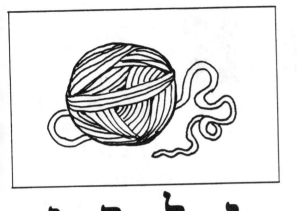

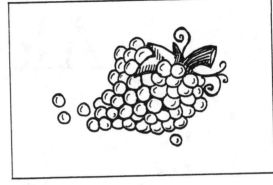

י ל ר נ

א ה ס ח

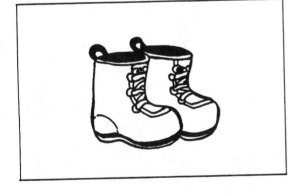

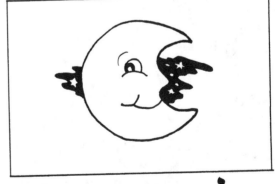

ג נ י ש

ל מ א ן

ת ב בּ ד

Ayin ע

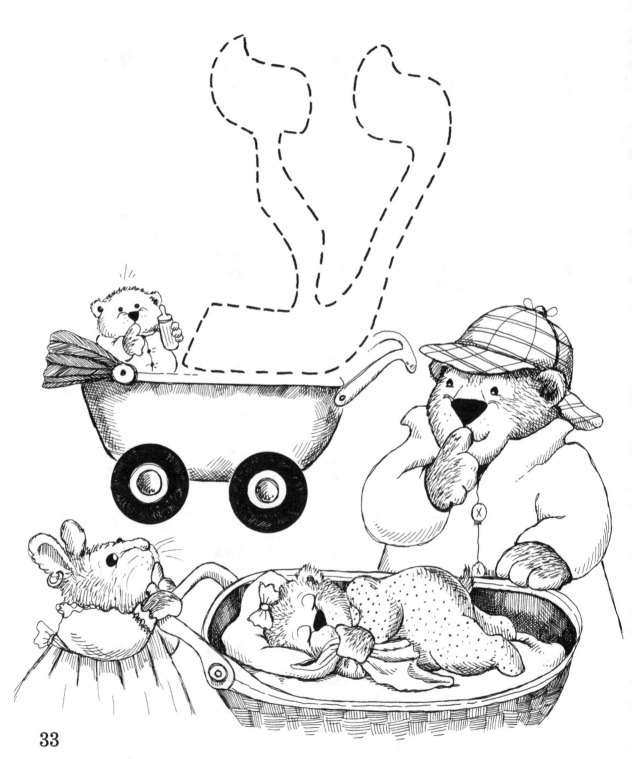

י	י	נ	י	י
א	ע	ע	ע	ע
ד	ד	ד	ר	ד
א	א	א	א	מ
ח	ה	ח	ח	ח
ג	ג	ג	נ	ג
תּ	תּ	בּ	תּ	תּ
מ	מ	מ	שׁ	מ

Sin שׂ

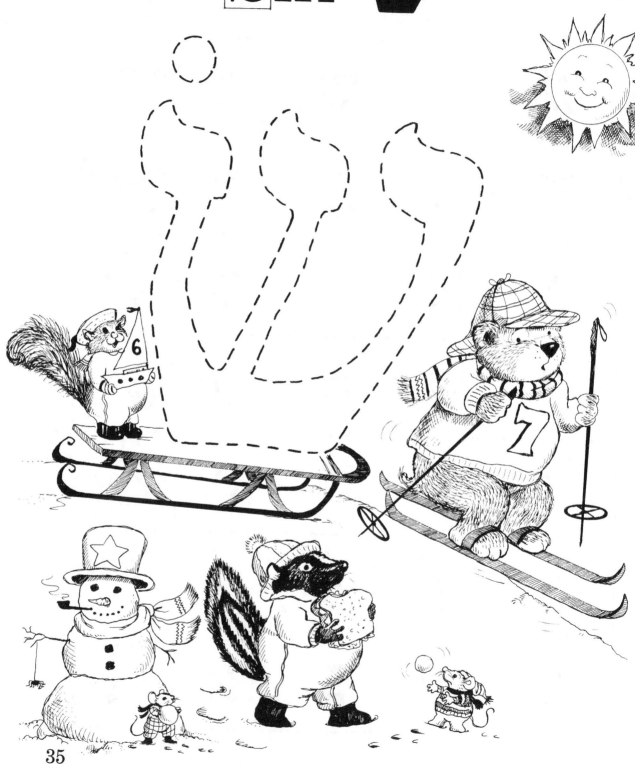

ת	ב	ח	ה	
שׁ	ג	שׂ	ם	
ה	ח	ת	ע	
ר	א	ת	מ	
ל	שׂ	שׂ	ב	
ד	ע	ר	ס	
י	ן	א	ג	
מ	שׂ	בּ	תּ	

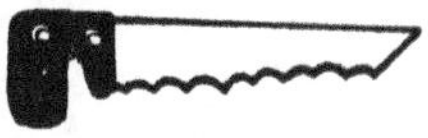

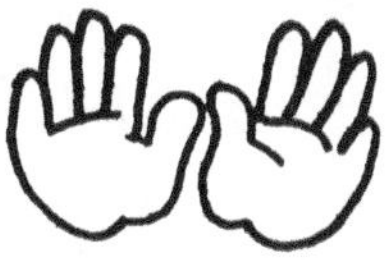

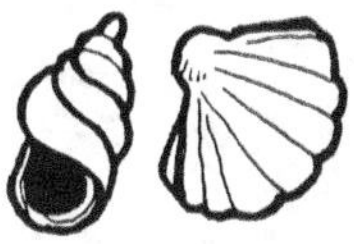

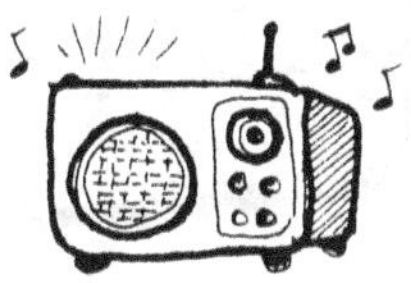

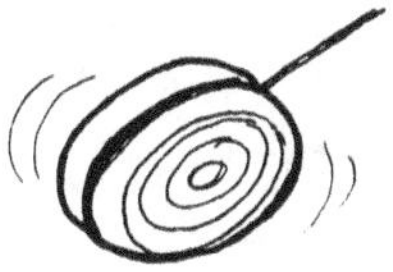

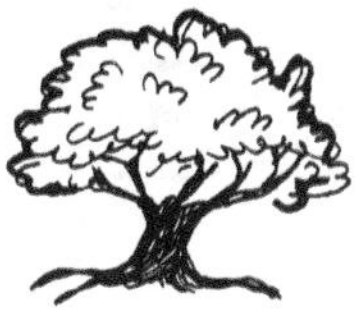

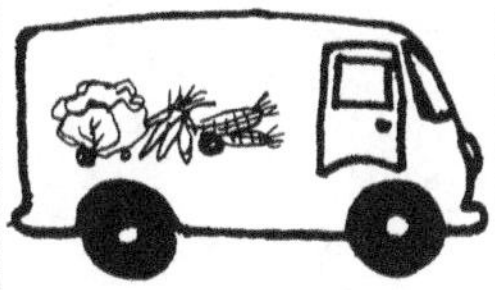

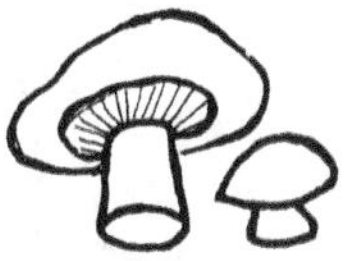

Koof ק

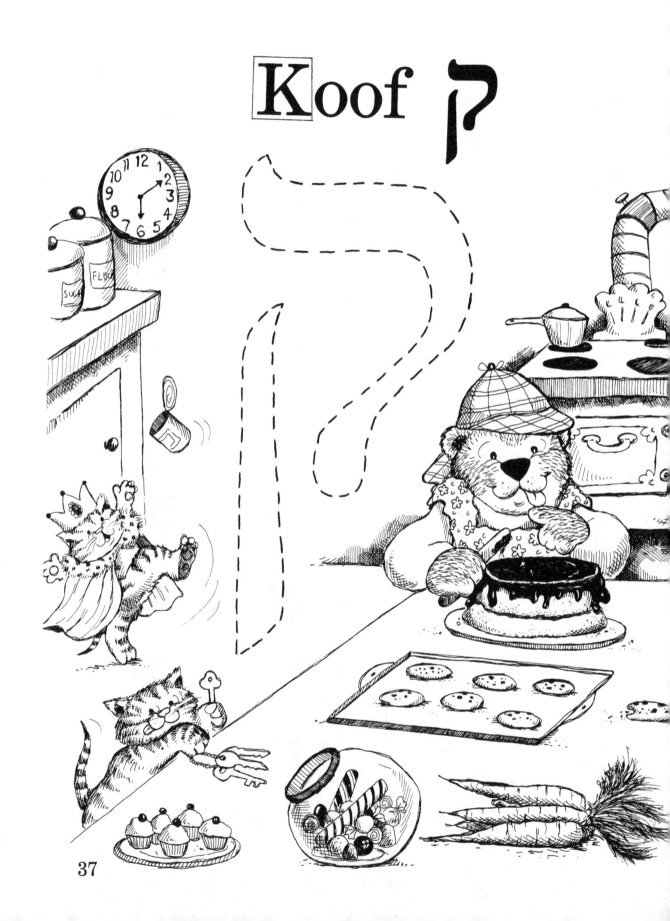

מ	א
א	מ
ת	ע
ע	ת

ד	ק
ר	ן
ן	ר
ק	ד

שׁ	שׂ
שׂ	בּ
בּ	שׁ
תּ	תּ

ג	ח
ח	ג
נ	ה
ה	נ

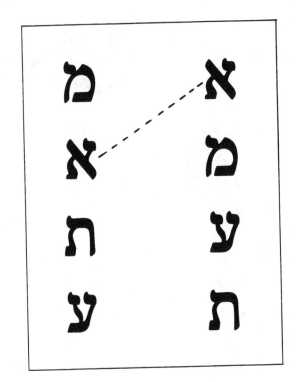

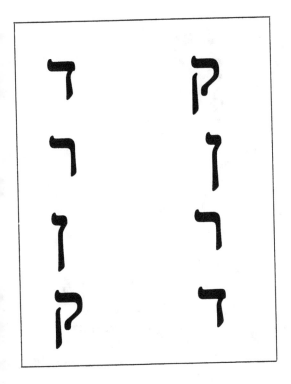

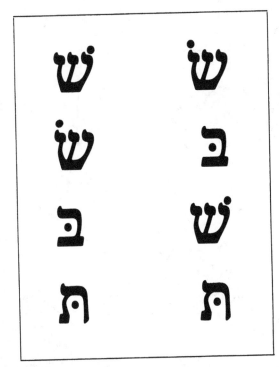

Kaf כ

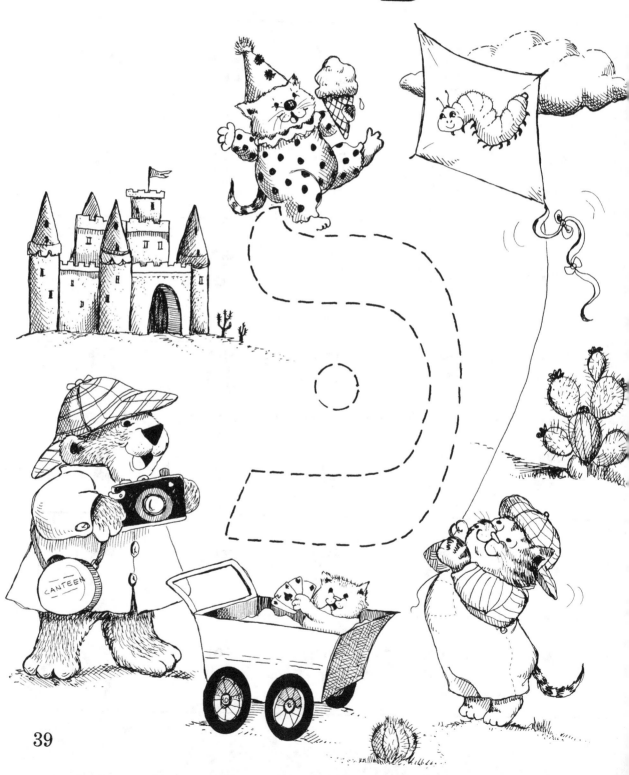

39

תּ	בּ	כּ	תּ	תּ
בּ	שׁ	שׁ	שׁ	שׁ
כּ	תּ	כּ	בּ	כּ
ע	ת	ח	ע	ע
ה	ח	ה	ת	ה
ב	ג	נ	ג	ג
ת	ד	ד	ר	ד
ת	ק	ק	ר	ק

Chaf כ ך

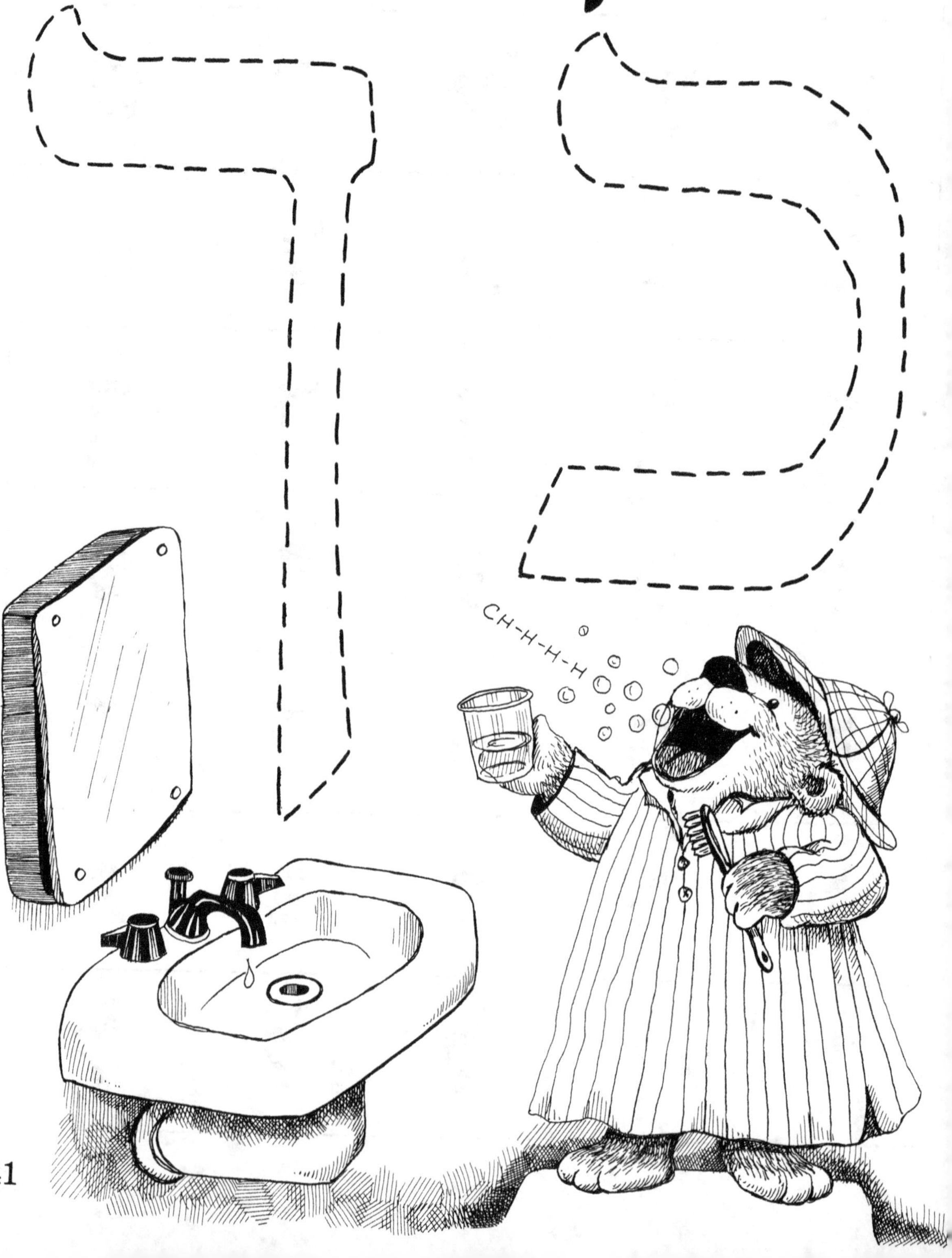

CH-H-H-H

41

א	א	ע	א	א
שׁ	שׁ	שׁ	שׁ	שׁ
כ	כ	כ	ב	כ
ך	ך	ד	ך	ך
כּ	כּ	כּ	בּ	כּ
ח	ת	ח	ח	ח
בּ	בּ	כּ	בּ	בּ
ל	ן	ל	ל	ל

Zayin ז

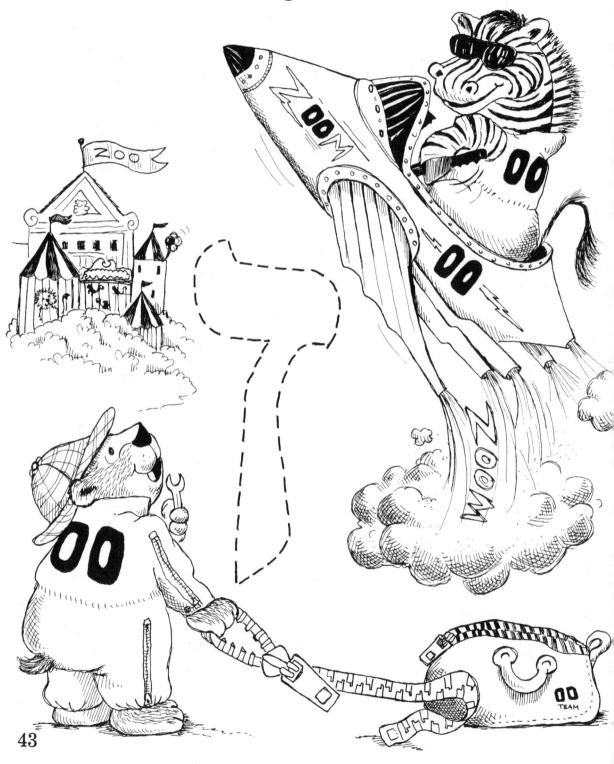

43

ת	ר	ד	ע	
ן	ז	ג	נ	
תּ	כ	כּ	בּ	
ח	שׂ	ק	שׁ	
א	ח	ת	ה	
ג	נ	ר	י	
ר	ד	ם	ת	
ד	ז	ל	ך	

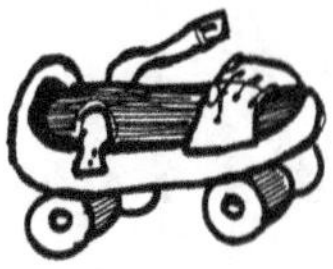

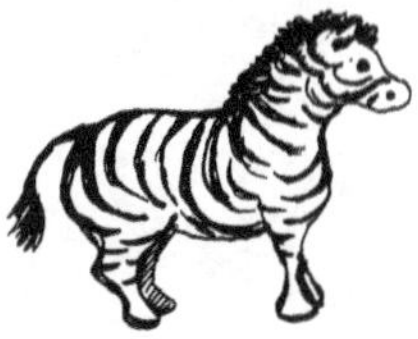

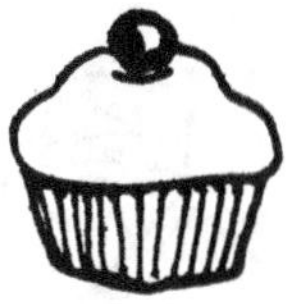

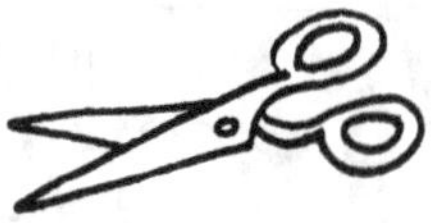

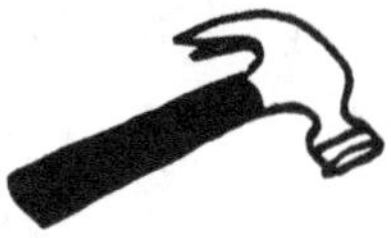

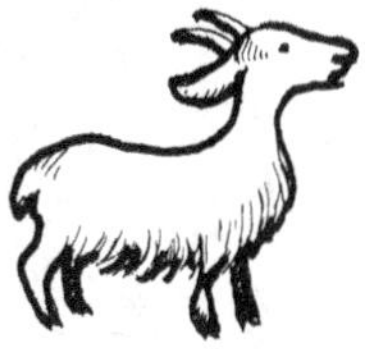

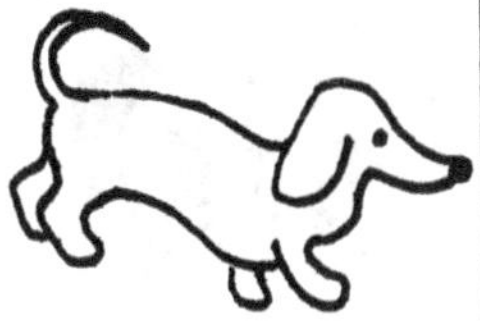

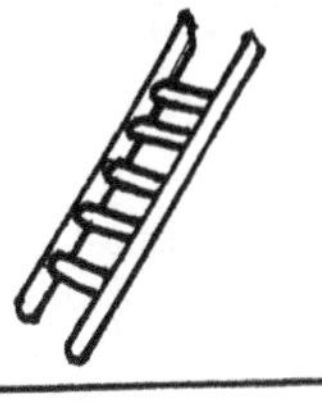

Tet ט

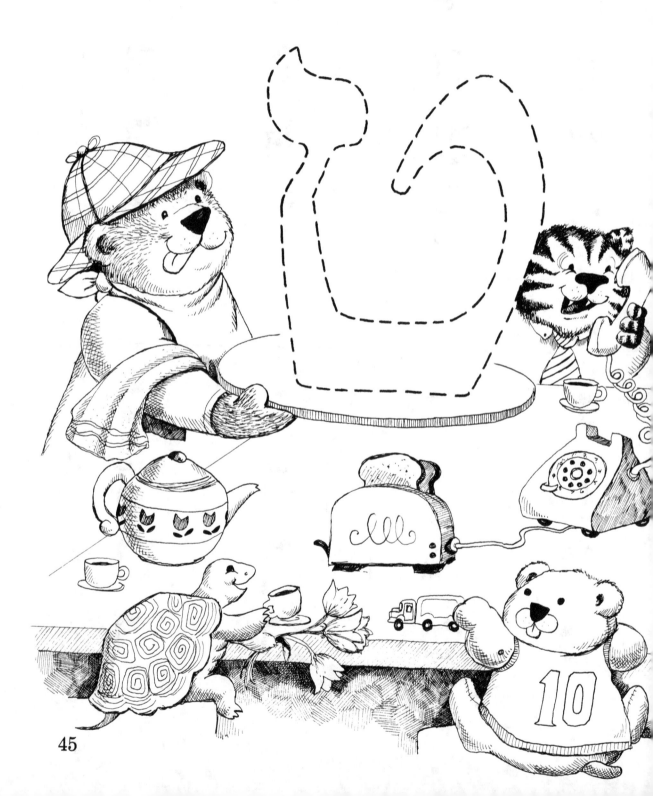

45

ח	שׁ
שׂ	ה
שׁ	שׂ
ה	ח

בּ	כּ
כּ	תּ
תּ	בּ
ל	ל

ג	ז
ז	ט
ט	ג
מ	מ

כ	כ
ר	ך
ך	ד
ד	ר

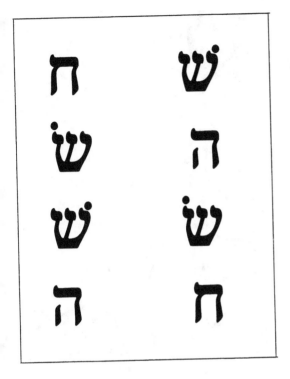

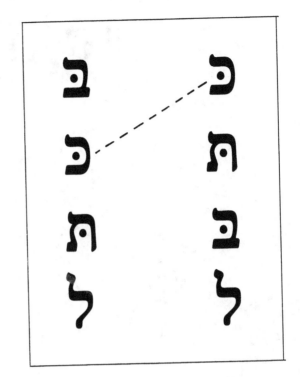

Pay פ

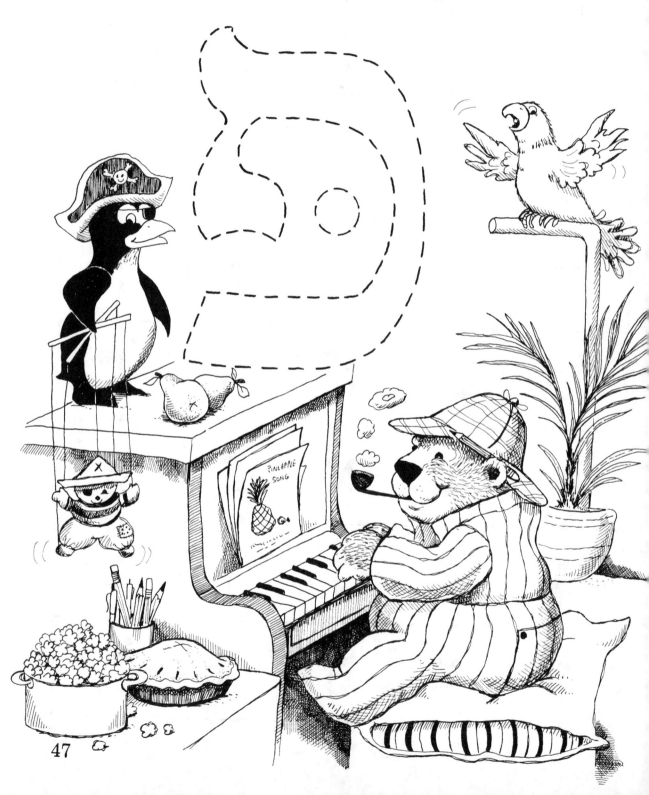

47

ק	כ	ב	כ	כ
ע	ט	ט	מ	ט
פּ	בּ	פּ	כּ	פּ
ד	י	ז	ז	ז
שׁ	שׁ	שׁ	פּ	שׁ
א	ט	א	מ	א
ג	ג	נ	ז	ג
ר	ק	ר	ד	ר

Fay פ ף

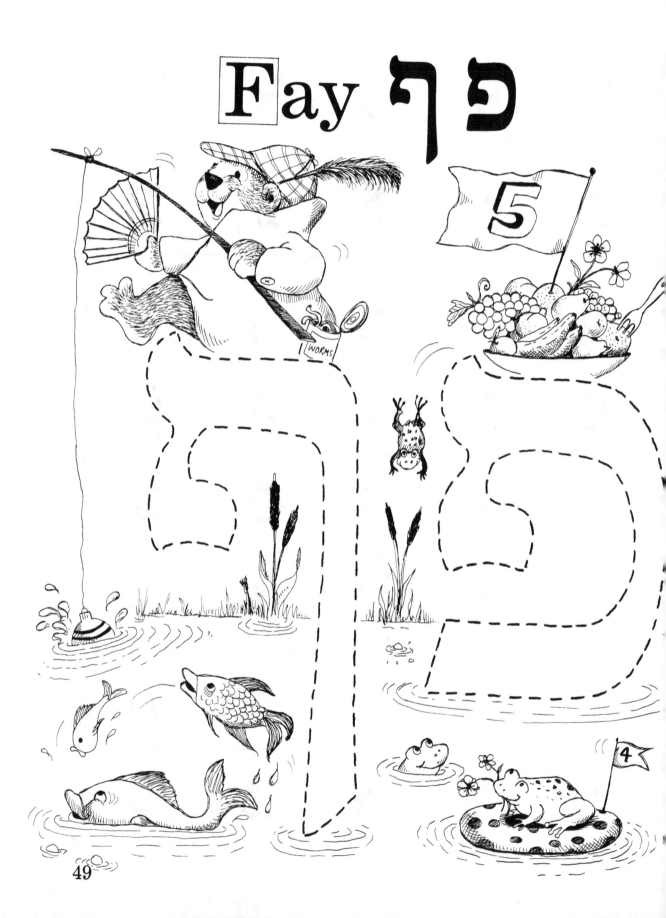

ל	ל	~~ק~~	ל	ל
פ	פ	פ	פ	כ
ף	ף	ף	ך	ף
ט	מ	ט	ט	ט
בּ	בּ	בּ	כּ	בּ
שׁ	שׁ	שׁ	שׁ	שׁ
ת	ת	ח	ת	ת
כ	ב	כ	כ	כ

Tsadee צ ץ

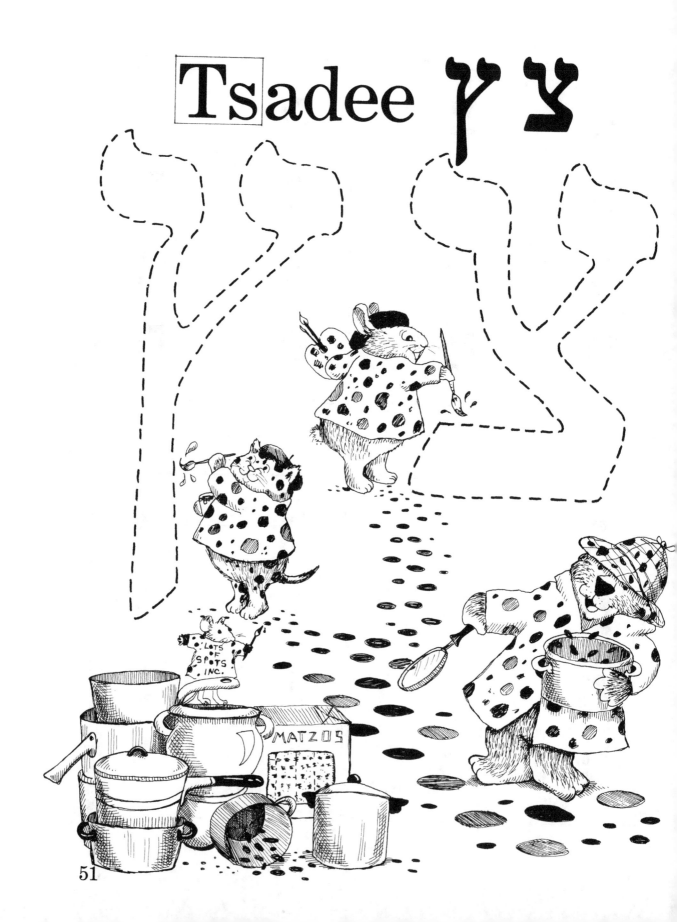

תּ	כּ
כּ	בּ
בּ	תּ
פּ	פּ

מ	צ
ע	ע
צ	ט
ט	מ

ר	ז
ז	נ
נ	ג
ג	ר

ה	ה
ת	ח
ח	ת
ב	ב

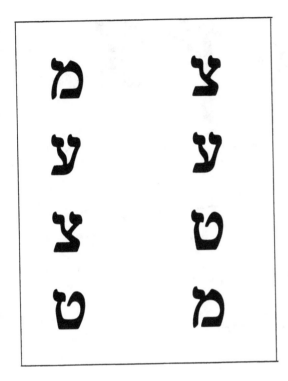

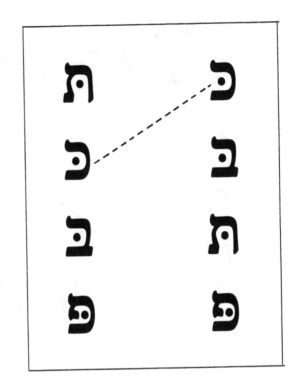

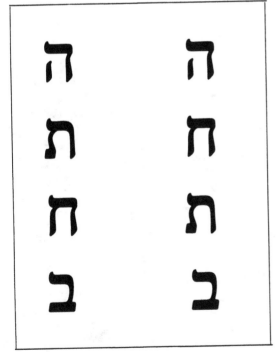

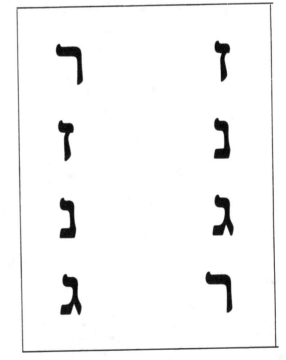

Vav ו

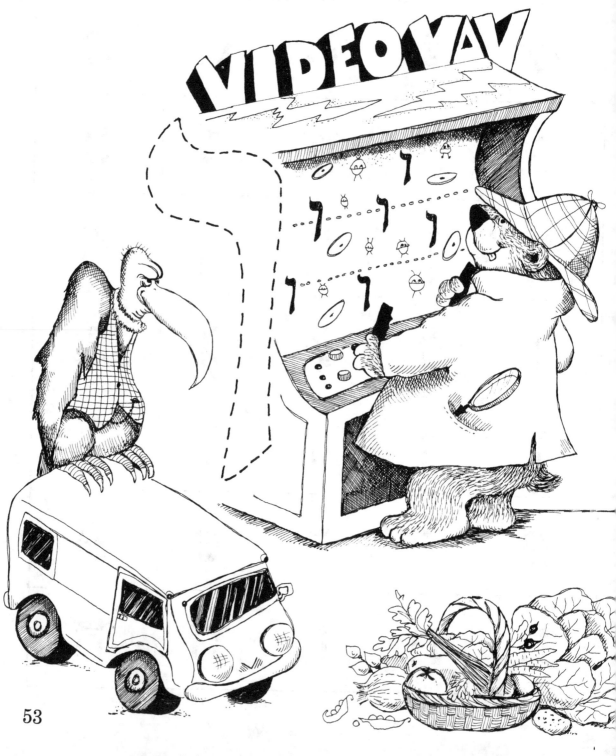

ו	ד	ד	ר	ד
ט	צ	מ	ט	ט
כ	כ	ר	ב	כ
ף	ן	ף	ך	ף
ו	נ	ג	ג	ג
ז	ו	ו	ן	ו
פּ	כּ	בּ	פּ	פּ
ה	ת	ה	ח	ה

Samech ס

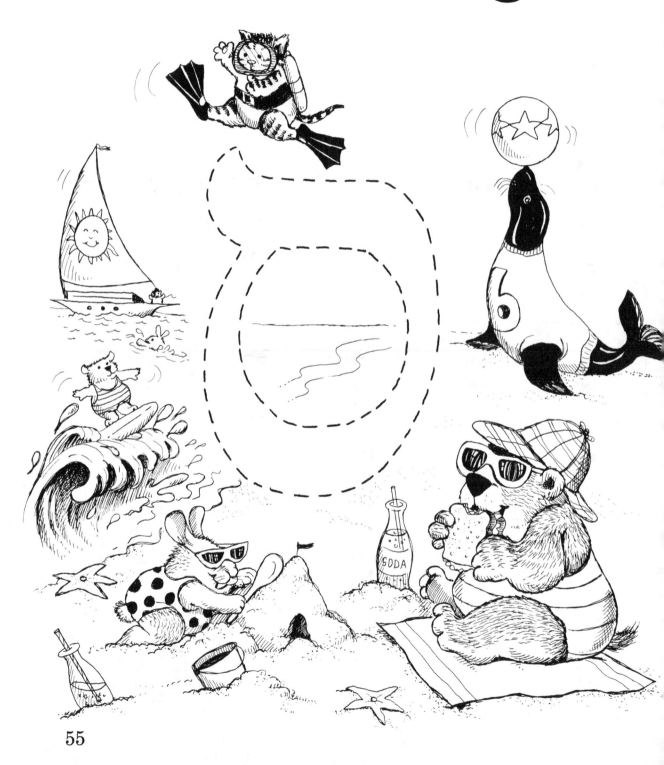

	ל	כּ	בּ	ק
	שׁ	שׂ	ס	ם
	ז	ו	ב	ת
	ך	ףּ	כ	פ
	ח	ך	כ	כּ
	תּ	פּ	כּ	בּ
	ט	מ	תּ	ת
	י	ג	ו	ז

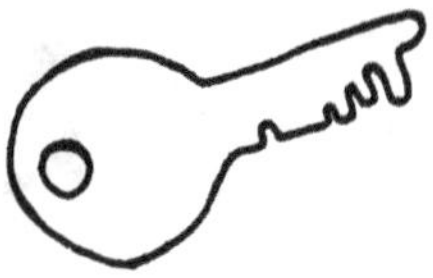

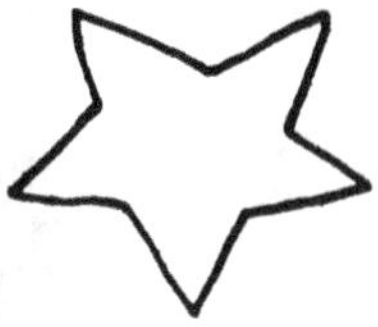

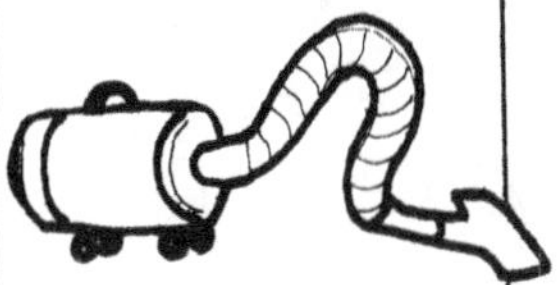

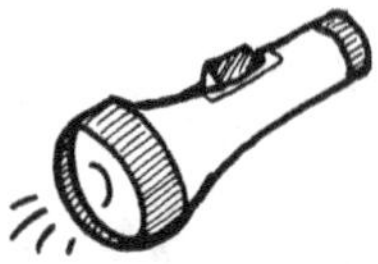

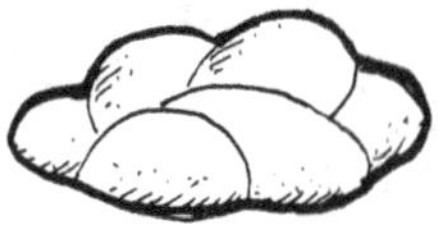

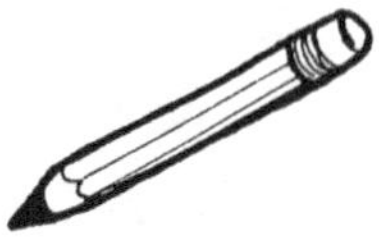

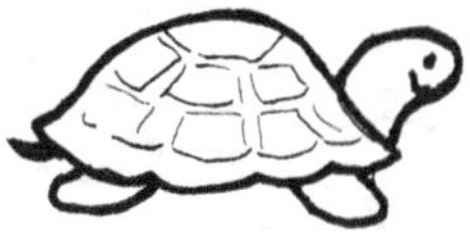

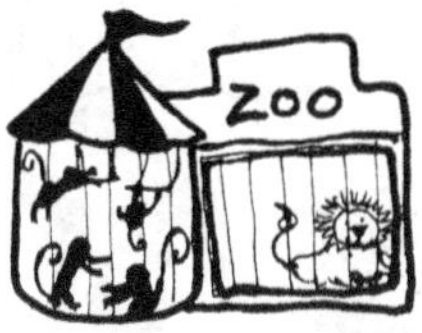

ט	ע	צ	א	
כ	ת	ה	ח	
ו	ג	נ	ז	
ס	ם	ט	מ	
ו	ן	נ	ג	
ל	ק	ן	ו	
ת	ר	כ	ד	
ר	נ	ו	ד	

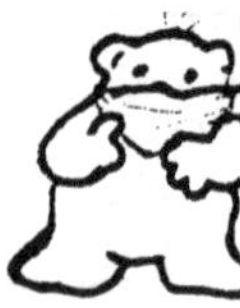

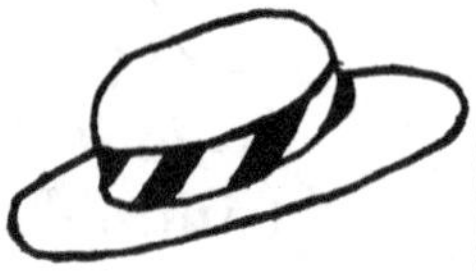

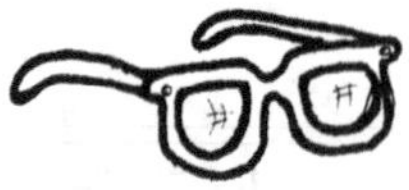

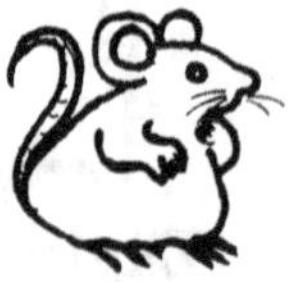

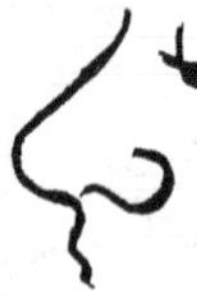

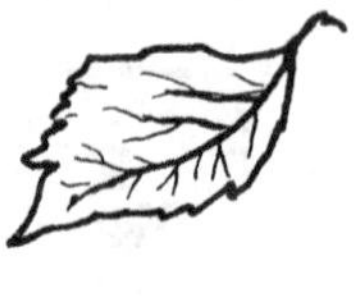

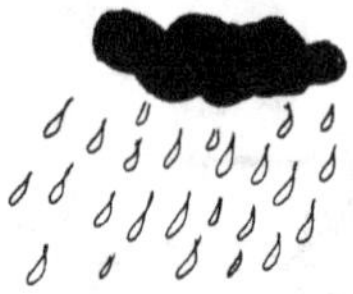

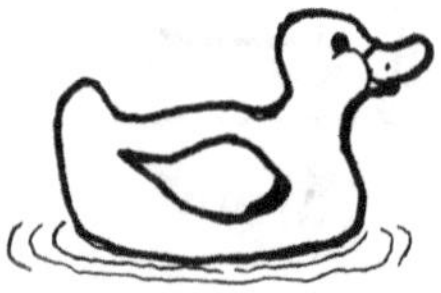

Color

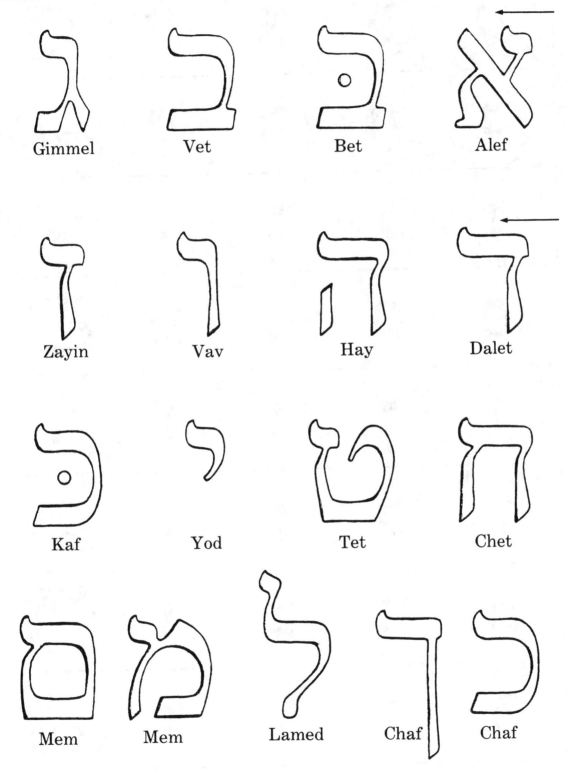

Alef	Bet	Vet	Gimmel
Dalet	Hay	Vav	Zayin
Chet	Tet	Yod	Kaf
Chaf	Chaf	Lamed	Mem	Mem

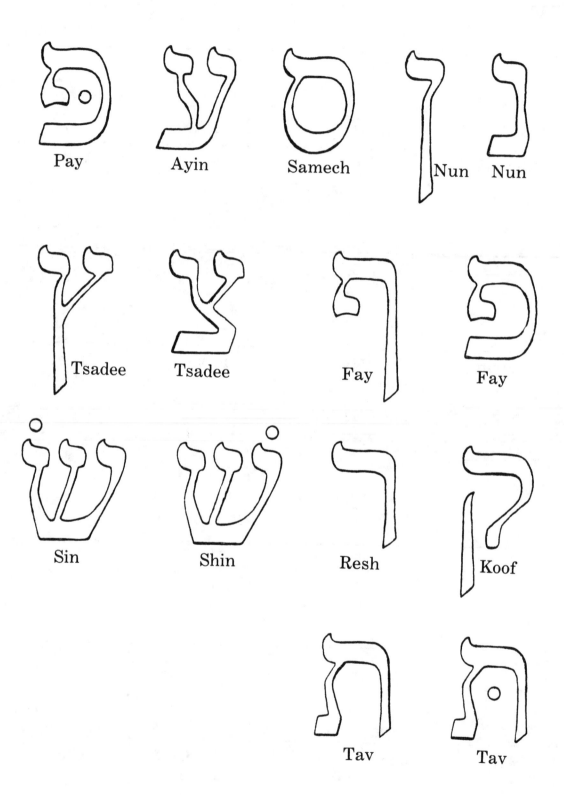

Pay   Ayin   Samech   Nun   Nun

Tsadee   Tsadee   Fay   Fay

Sin   Shin   Resh   Koof

Tav   Tav

Trace

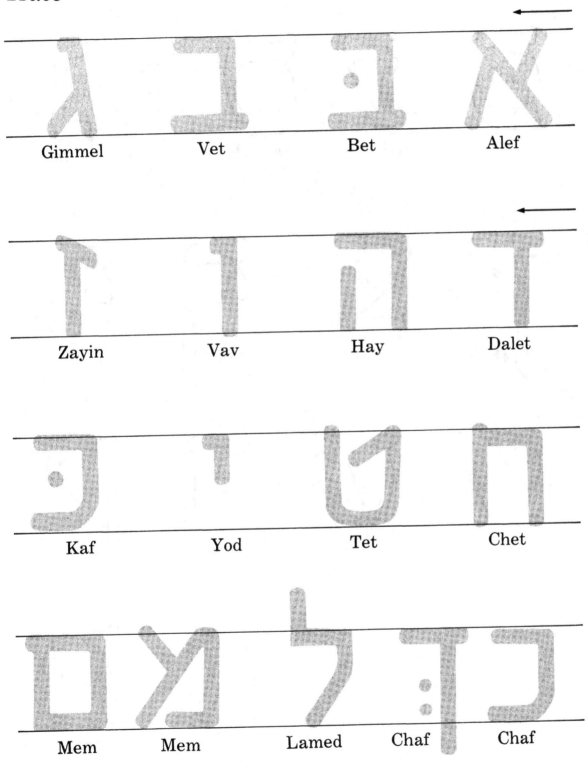

ג	ב	בּ	א
Gimmel	Vet	Bet	Alef

ז	ו	ה	ד
Zayin	Vav	Hay	Dalet

כּ	י	ט	ח
Kaf	Yod	Tet	Chet

ם	מ	ל	ךְ	כ
Mem	Mem	Lamed	Chaf	Chaf

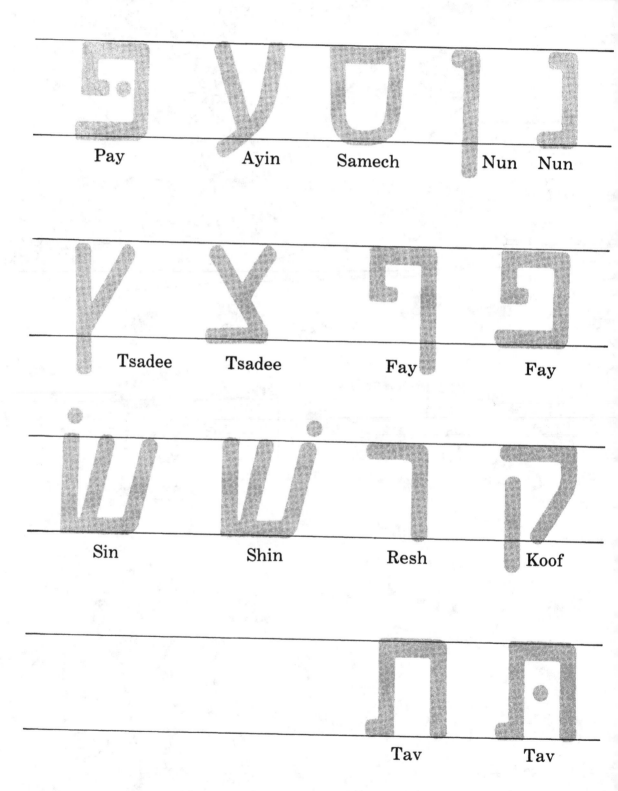

פּ	ע	ס	ן	נ
Pay	Ayin	Samech	Nun	Nun

ץ	צ	ף	פ
Tsadee	Tsadee	Fay	Fay

שׂ	שׁ	ר	ק
Sin	Shin	Resh	Koof

ת	תּ
Tav	Tav

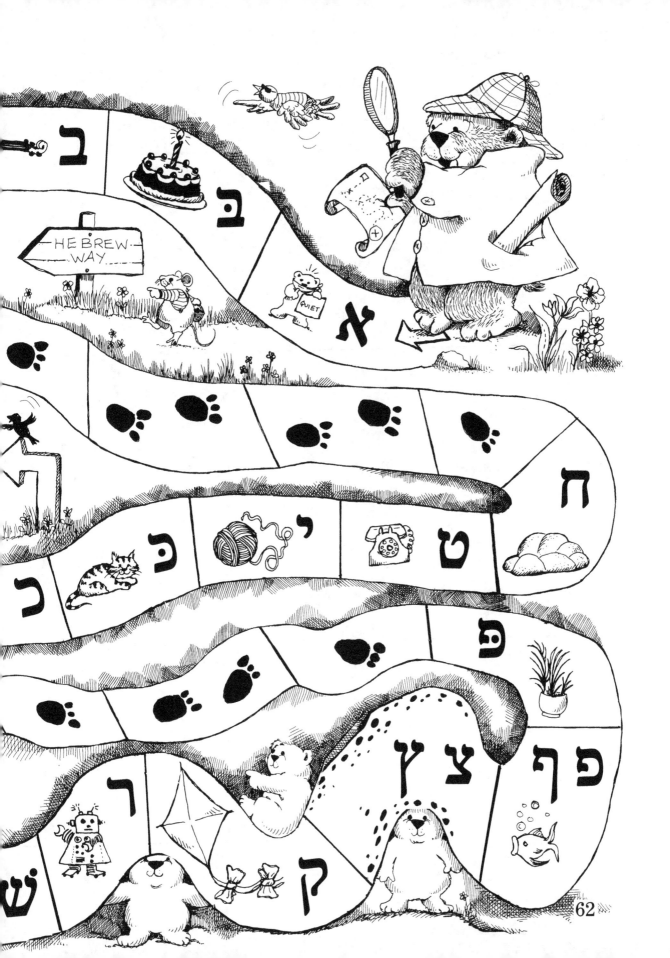

HEBREW WAY
QUIET
א
בּ
ב
ח
ט
י
כּ
כ
פּ
פ
צ ץ
ף
ק
ר
שׁ

ד
ה
ו
ז
ל
מ ם
נ ן
ס
ע
ש
ת ת

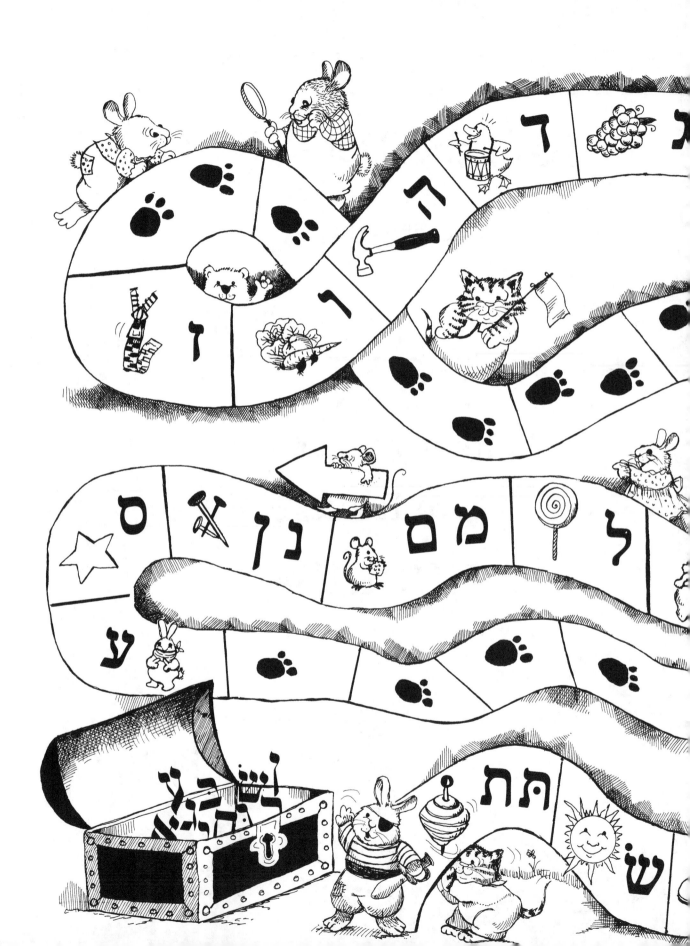

Sam the Detective

certifies that

_____

name

is Ready to Learn

to Read

HEBREW